Волшебные зимние истории:

1 Девочка с портрета
2 Покатай меня, медведица!
3 Волшебная фигурка
4 Девочка из лунного света
5 Снежный кот
6 Пёс по имени Шторм
7 Как подружиться с лисёнком
8 Тигрёнок Звёздочка
9 Мама для Луны

ЧИТАЙТЕ В СЕРИИ:

1 ЩЕНОК ГАРРИ,
или Здравствуй, дом!

2 ЩЕНОК ДЖЕСС,
или Давай дружить!

3 КОТЁНОК ДЫМКА,
или Тайна домика на дереве

4 КОТЁНОК ПУШИНКА,
или Рождественское чудо

5 ЩЕНОК ЭЛЛИ,
или Долгая дорога домой

6 ЩЕНОК ЭЛФИ,
или Не хочу быть один!

7 КОТЁНОК УСАТИК,
или Отважное сердце

8 ЩЕНОК КРОШКА,
или Друзья навек

9 КОТЁНОК ФИАЛКА,
или Коробка с сюрпризом

10 КОТЁНОК МИЛЛИ,
или С возвращением, леопард!

11 КОТЁНОК ПИРАТ,
или Ловкий коготь

12 ЩЕНОК ОСКАР,
или Секрет счастливого Рождества

13 КОТЁНОК РЫЖИК,
или Как найти сокровище

14 КОТЁНОК ПУГОВКА,
или Храбрость в награду

15 ЩЕНОК ЛЮБИМЧИК,
или Давай мириться!

16 ЩЕНОК ТИММИ,
или Я иду искать!

17 ЩЕНОК СИД,
или Лучший трюк

18 ЩЕНОК БАРНИ,
или Пушистый герой

19 КОТЁНОК СНЕЖИНКА,
или Зимнее волшебство

20 КОТЁНОК КЭТТИ,
или Секрет в шкафу

21 ЩЕНОК РИНА,
или Таинственное путешествие

22 КОТЁНОК ЗВЁЗДОЧКА,
или Двойной сюрприз

23 ЩЕНОК МАКС,
или Выбери меня!

24 ЩЕНОК ТОБИ,
или Старший друг

25 КОТЁНОК СИЛЬВЕР,
или Полосатый храбрец

26 ЩЕНОК КНОПОЧКА,
или Умная малышка

27 КОТЁНОК ОДУВАНЧИК,
или Игра в прятки

28 ЩЕНОК ФРЕД,
или Уплывший дом

29 ЩЕНОК МОЛЛИ,
или Ищу хозяйку

30 ЩЕНОК СЭМ,
или Украденное счастье

31 КОТЁНОК СЭММИ,
или Семья для крохи

32 ЩЕНОК ЛЮСИ,
или Переполох на каникулах

33 КОТЁНОК КЛЕО,
или Путешествие непоседы

34 ЩЕНОК ГЕНРИ,
или Летнее чудо

35 КОТЁНОК ТИГР,
или Искатель приключений

36 ЩЕНОК МОНТИ,
или Развесели меня!

37 КОТЁНОК СТЕНЛИ,
или Настоящий клад

38 ЩЕНОК СКАУТ,
или Мохнатый ученик

39 КОТЁНОК ВЕСНУШКА,
или Как научиться помогать

40 ЩЕНОК УИНСТОН,
или Неделя добрых дел

41 КОТЁНОК РОЗЗИ,
или Острый нюх

42 ЩЕНОК УГОЛЁК,
или Как перестать бояться

43 КОТЁНОК ЧАРЛИ,
или Хвостатый бродяга

Холли Вебб

Котёнок Чарли, или Хвостатый бродяга

Иллюстрации Софи Вильямс

#эксмодетство
Москва
2022

УДК 821.111-31-053.2
ББК 84(4Вел)-44
В26

Holly Webb

THE LONELIEST KITTEN

Вебб, Холли.

В26 Котёнок Чарли, или Хвостатый бродяга : [повесть] / Холли Вебб ; [перевод с английского А. Белоус] ; иллюстрации Софи Вильямс. — Москва : Эксмо, 2022. — 144 с. — (Добрые истории о зверятах).

ISBN 978-5-04-104915-7

В этом году Дарси приняли в школьную футбольную команду, поэтому свободного времени стало совсем мало, только уроки успеть сделать. Её котёнок Чарли ещё маленький и совершенно не может понять, почему любимая хозяйка вдруг стала уделять ему так мало внимания. И, будто бы обидевшись на это, Чарли однажды... пропал.

За пределами участка котёнку грозит много опасностей — и дикие животные, и многополосные шоссе. Дарси бросилась по соседям — но никто не встречал полосатого котёнка с белыми лапками. Правда, может быть, всё не так плохо, и хвостатого бродяжку приютила какая-нибудь добрая фея?

УДК 821.111-31-053.2
ББК 84(4Вел)-44

ISBN 978-5-04-104915-7

Посвящается учащимся
начальной школы Берч Копс

Глава первая

— Снимите кроссовки! — громко велела мама, едва Дарси и Уилл открыли заднюю дверь.

— Прости, мам. — Дарси сбросила кроссовки и придержала Уилла за руку, чтобы он успел сделать то же самое. В начале летних каникул погода была не очень летней. — В саду действительно сы-

ро, а перед футбольными воротами много грязи...

— Я вижу. Похоже, Уилл решил в ней вываляться целиком.

— Я был вратарём! — с энтузиазмом воскликнул Уилл.

На кухню зашел папа и изумлённо уставился на детей.

— Вот это да! Что приключилось с вами двумя?

— Мы играли в футбол, — объяснила Дарси и нахмурилась. — Ты рано пришёл домой.

— Вот поэтому я вас и позвала, — улыбнулась мама. Дарси её улыбка показалась несколько заговорщицкой. — Дарси, тебе лучше переодеться. А тебе, Уилл, я думаю, нужен душ. Мы отправляемся в путешествие, но это — сюрприз.

— Я дома, поэтому тоже могу поехать с вами, — объявил папа. — Жаль, что я не приехал раньше, тогда я смог бы принять участие в вашем футбольном матче. Я почти так же хорошо защищаю ворота, как и ты, Уилл!

— Нет никого лучше меня, — самоуверенно заявил Уилл. — Я поймал почти все мячи, которые Дарси послала в ворота!

Дарси скорчила гримасу, чтобы выразить своё несогласие, и мама улыбнулась. Уилл действительно отлично играл для того, кому исполнилось всего шесть лет. И для своего возраста он был высокого роста — ненамного ниже Дарси, а ведь она старше на целых три года.

— Иди и переоденься, Дарси, — напомнила мама. — И не волнуйся, наряжаться не нужно. Шорты и футболка вполне подойдут.

— Поторапливайся, Уилл, я включу тебе душ, — позвал папа.

Дарси слышала, как Уилл пытался расспросить папу о поездке, когда они поднимались наверх.

— Куда мы едем? Будет ли пицца? Могу ли я надеть свой костюм Бэтмена?

Ей тоже стало любопытно. Во время летних каникул родители иногда устраивали дни-сюрпризы. Лучшими из них были те, которые они проводили на пляже у моря, поедая рыбу и жареную картошку. Но такая поездка занимала весь день и поэтому иногда начиналась в полдень.

Девочка поспешила в свою спальню и сняла грязные спортивные штаны и футболку. К счастью, утром мама заплела ей французские косички, и они всё ещё выглядели опрятно, даже после игры в футбол. Дарси пришлось только вычистить грязь из-под ногтей.

Вскоре и Уилл спустился вниз, волосы у него теперь были чистыми и слегка намокшими на кончиках. Он беспрестанно спрашивал, куда они сейчас поедут, когда мама и папа поторапливали детей по пути к машине и пока они ехали.

— Тссс, — прошептала Дарси. — Это — сюрприз. Сюрпризы — это хорошо. Не испорти его.

— Я хочу знать, — насупился младший брат. — Я не люблю сюрпризы.

— Пять минут, — прокричал папа с водительского места.

Дарси и Уилл нетерпеливо выглядывали из окон машины, пытаясь догадаться, куда они едут. Дарси подумала, что они совсем близко к дому, где живёт её подруга Эмма. Спустя несколько минут папа остановился возле длинного низкого здания. Дарси прочитала на табличке: «Хэйвенский приют для животных», отстегнула ремень безопасности и потянулась, чтобы схватить папу за плечо.

— Мы... ты имеешь в виду... мы действительно... — девочка громко сглотнула и начала снова: — Мы собираемся завести кошку?

— Кошка! — заворожённо пискнул Уилл.

Дарси пыталась убедить родителей завести домашнее животное целую вечность, но до этого они не соглашались ни на кошку, ни на собаку.

У Эммы была собака, и она постоянно рассказывала Дарси о шалостях своего питомца. Балу съел два её контейнера для завтрака (не то, что было внутри, а сам контейнер!) и её любимые шлёпанцы. Эмма очень сильно любила своего Балу, но он был сущим наказанием.

Бабушка Дарси и Уилла любила кошек, у неё жили две прекрасные мохнатые леди. Когда дети приезжали к бабушке, то Дарси считала, что ей повезло, если Милашка или Пятнашка забирались к ней на колени подремать. Дарси нравилось гладить их шелковистую шёрстку и ощущать коленями, как их упитанные тельца вибрируют от мурлыканья. Было бы просто превосходно иметь свою собственную кошку! Она могла бы даже спать на кровати вместе с Дарси. Мама тоже любила кошек, но папа не был так воодушевлён, он считал, что питомец потребует очень много забот.

— Я думала, что ты против! — Дарси бросилась папе на шею, крепко обнимая.

— Ну, я подумал, что мама большую часть времени находится дома, — ответил папа. — В конце концов, забота о питомце ляжет на её плечи, поэтому именно она должна принять решение.

«Папа прав», — подумала Дарси. Мама работала дома, у неё был свой маленький кабинет.

— Но мы будем помогать маме! — нетерпеливо пообещала Дарси. — Мы можем кормить кошку. И я могу пылесосить полы от шерсти. — Папа беспокоился, что ковры будут все в кошачьей шерсти. — Мне нравится пылесосить, — поспешила заверить папу Дарси.

— Может, пойдём и посмотрим на кошку прямо сейчас? — умоляюще протянул Уилл, и папа рассмеялся, открывая дверцу машины.

— Идём!

— Мы договорились о том, чтобы нам показали котят, — объяснила мама, когда они вошли в здание. — Их четверо, и они уже достаточно взрослые, чтобы их можно было забрать домой. Когда на днях вы были у бабушки, к нам приходила женщина из приюта. Она проверила наш дом и убедилась, что мы живём не слишком близко к оживлённым дорогам или к чему-то в этом роде. Они позвонили мне вчера и сказали, что мы точно можем забрать котёнка! Но... — Она одарила Дарси и Уилла серьёзным взглядом. — Они отдают животных только тем, у кого дети уже взрослые, потому что нужно вести себя разумно, когда вы находитесь рядом с кошкой или собакой. Поэтому вы должны показать им, насколько разумными вы можете быть. Не ссорьтесь!

Глаза Уилла расширились, и он серьёзно кивнул.

— Мы будем хорошо себя вести, — пообещала Дарси. Она и Уилл однажды подрались в доме бабушки, потому что брат не переставал её щекотать. Девочка действительно сильно разозлилась и кричала на него, а кошка Пятнашка убежала и спряталась под бабушкиной кроватью. Прошло очень много времени, прежде чем она вылезла из-под неё, и Дарси чувствовала себя очень виноватой.

Иногда она не могла не спорить с Уиллом, но она определённо не хотела расстраивать котёнка.

— Здравствуйте, я Люси Адамс, — мама улыбнулась женщине за стойкой администратора. — Мы здесь, чтобы посмотреть на котят.

— Всё верно, мы вас ждали. Подождите, пожалуйста, минутку, к вам подойдёт Джесси и пригласит — он наш сотрудник. У нас есть специальная комната, где вы сможете познакомиться с котятами, прежде чем выберете, кого заберёте с собой.

Выберете! Дарси осматривала стены приёмной с фотографиями кошек и собак. Все они были прекрасны, и все они смотрели с надеждой, будто просили, чтобы их забрали домой.

Как они собирались выбирать, какой котёнок должен отправиться с ними?

В комнату вошёл молодой человек в зелёной флисовой рубашке с логотипом приюта и улыбнулся Дарси и Уиллу.

— Привет, вы здесь, чтобы увидеть котят?

— Верно, — мама сжала руку Дарси. — И мы очень волнуемся.

— Отлично. Они здесь, в нашей комнате для знакомств. — Джесси провёл их по коридору, который украшали великолепные фотографии животных, и открыл дверь.

— Всё в порядке, они закрыты в клетке, — объяснил Джесси, когда папа насторожённо заглянул внутрь. — Они не разбегутся.

— Ой, вы только посмотрите... — тихо проговорила мама, входя. — Разве они не милашки, Дарси?

Но Дарси ничего не ответила. Она была слишком занята, разглядывая котят. Пока Джесси открывал клетку, трое крошечных котят с любопытством посматривали на пришедших. Они карабкались, толкались и наступали друг на друга, пытаясь выбраться и посмотреть, что происходит.

— Посмотрите на рыжего! — выдохнул Уилл, когда рыжий малыш

перепрыгнул через двух полосатых котят и приземлился прямо перед ними. Он шумно понюхал кроссовки папы, а затем ударил лапкой по болтающимся шнуркам.

Полосатые котята топтались позади рыжего и задумчиво глядели на маму и Дарси.

— Они знают, что мы хотим забрать одного из них домой? — шепнула Дарси своей маме.

— На самом деле вы — первая семья, с которой познакомились эти котята, — объяснил Джесси, — поэтому они, вероятно, не понимают, что происходит. Они у нас уже несколько недель вместе со своей мамой. Мы планируем отдать её в добрые руки вместе с одним из её малышей, а других котят раздать по отдельности или всех вместе.

— Нам нужен всего один! — встревожился папа. — Мы не очень опытные владельцы домашних животных. Мы хотим взять только одного котёнка.

Дарси закрыла рот, сжала губы. Она как раз собиралась сказать, что, возможно, они могли бы взять двух котят, но она не хотела злить папу.

— Разве их не должно быть четверо? — Спросила Дарси у Джесси, оглядывая комнату. В ней определённо было только три котёнка. Двое полосатых всё ещё сидели рядом с клеткой, опасливо наблюдая за ними, а рыжий теперь пытался залезть на папины джинсы.

Джесси кивнул.

— Смотри... — пробормотал он, и Дарси присела, чтобы заглянуть в клетку. Её дно устилало скомканное флисовое одеяльце, а из его складок выглядывала маленькая обеспокоенная бело-полосатая мордочка.

Глава вторая

У котёнка был самый розовый нос, который Дарси когда-либо видела у кошек. Он был такого ярко-розового цвета, что казалось, будто он светится в темноте. Котёнок уставился на Дарси круглыми жёлто-зелёными глазёнками, а затем робко вылез из складок одеяльца. Теперь Дарси смогла рассмотреть, что он отличается от двух других полосатых котят. Те были полностью полосатыми, с серо-коричневыми лапами. Этот котёнок тоже был полосатым, но на грудке у него красовалась аккуратная белая манишка, а лапки были белоснежными. У него также были очень милый белый подбородок и пятнышко на носике, отчего получалось, будто у малыша полосатая маска супергероя вокруг глаз и ушей.

— Ой, какой милый котёнок! — восхитилась мама, и Джесси рассмеялся.

— Я знаю — вам понравилась его маска!

Полосатый с белым котёнок медленно выбрался из клетки, а затем сел перед ней. Он всё ещё выглядел немного неуверенно — возмож-

но, он испугался, увидев столько людей, подумала Дарси. Уилл так отчаянно старался заставить Джесси думать, что он разумный ребёнок, что не произнёс ни слова, но, несмотря на то что они молчали, котёнок всё равно нервничал.

Котёнок поднял переднюю лапку, несколько раз лизнул её и потёр ею себя за ухом. У Дарси было такое чувство, будто на самом деле он не умывался, а просто нашёл себе занятие, чтобы притвориться, будто не заметил, как все эти люди смотрят на него.

Теперь, когда он поднял лапку, Дарси заметила, что подушечки на обратной стороне лап были такими же неоново-розовыми, как и его нос. Они ярко выделялись на фоне белого меха, как маленькие розовые фасолинки.

— Он великолепен, — пробормотала Дарси, с надеждой глядя на маму, чтобы понять, чувствует ли она то же самое.

Может быть, она влюбилась в одного из других котят?

Но мама тоже смотрела, как котёнок умывается, и её лицо выражало те же эмоции, что и лицо Дарси.

— Он замечательный, не правда ли? — согласилась мама.

— Он моет ушки, — громко прошептал Уилл. — Какой же он умный!

Папа вздохнул:

— Я так понимаю, мы забираем этого котёнка?

— Он тебе не нравится? — с негодованием спросила Дарси.

— Хм... Он, несомненно, очень милый, — признал папа. — Я просто не очень хорошо разбираюсь в кошках.

— Простите, — поспешила извиниться перед Джесси девочка, надеясь, что папины слова не разозлят его.

— Всё в порядке, — Джесси ухмыльнулся. — Я уверен, что этот малыш переубедит твоего отца.

Они вернулись к машине, бережно неся котёнка в специальной переноске. Переноска всё это время стояла в багажнике машины, но Дарси и Уилл не знали об этом. Мама рассказала, что купила её в зоомагазине в тот же день, когда приют проверил их дом. Она купила уютную спальную корзинку для кошек, несколько мисок и корм для котят. Всё это было спрятано в сарае в саду.

— Я пока не купила игрушки и ошейник. Я подумала, что вы двое захотите сами выбрать их, — лукаво улыбнулась мама.

— С чем же будет играть котёнок, когда мы вернёмся домой? — нахмурился Уилл.

— Котята играют со всем, — засмеялась мама. — Вы же видели, как тот рыжий котёнок пытался съесть папины шнурки. Им нравятся ленточки, мячики из бумаги, даже солнечные зайчики. Нам не стоит волноваться, я думаю, что наш котёнок будет слишком занят исследованием всех уголков дома и не заметит, что у него нет игрушек.

«Наш котёнок». Дарси улыбнулась — это звучало так хорошо. Она смотрела, как мама ставит кошачью переноску на заднее сиденье между ней и Уиллом. Дарси могла видеть малыша через решётчатые окошки по бокам. Он свернулся в крохотный клубочек в углу переноски и выглядел не очень счастливым.

— Всё в порядке, — прошептала Дарси котёнку, когда мама завела машину. — Я уверена, что тебе не нравится сидеть взаперти, но мы скоро будем дома, и тогда ты сможешь выйти.

Котёнок слышал её шёпот как бессмысленный набор звуков. Ему не нравилось происходящее. Переноска так тряслась и болталась, что казалось, будто все его внутренно-

сти постоянно меняются местами. Машина дёрнулась и остановилась. Котёнок поехал вперёд с тихим испуганным «мяу».

Дно переноски застилало мягкое одеяльце. Он вспомнил, что такое же одеяло лежало в клетке в приюте. Мягкое и тёплое, а если залезть под него, то станет темно. Там он будет чувствовать себя в безопасности, решил котёнок. Он подцепил край одеяльца коготочками и сделал в нём складку, чтобы можно было туда забраться. Получилась уютная пещерка, в которую он и заполз.

— Думаю, ему не понравилось ехать в машине, — заметила Дарси, обеспокоенно глядя на небольшой холмик одеяла, которым являлся котёнок. — Он мяукнул, когда нам пришлось остановиться на светофоре, а потом спрятался в одеяле.

Они поставили переноску в углу кухни, но котёнок, похоже, не собирался выходить.

— Бедняжка, — ласково проговорила мама, присев на корточки, чтобы посмотреть на смятое одеяльце. — Я старалась ехать так медленно, насколько это было возможно. Наверное, он никогда раньше не путешествовал на машине. Он скоро придёт в себя. Однако сейчас, я думаю, нам нужно набраться терпения и просто оставить его в покое.

Дарси кивнула. Она знала, что мама права, хотя ей отчаянно хотелось поиграть с котёнком. Джесси рассказал им, что котята родились в приюте после того, как их маму нашли на улице. Малыши никогда никуда не выезжали. Их котёнок, должно быть, чувствовал, что всё изменилось, стало по-новому, и это его напугало. Не было ничего удивительного в том, что он решил спрятаться под одеялом.

— Может, он выйдет, если мы положим ему еду? — с надеждой предположил Уилл.

— Он же под одеялом! — указала Дарси. — Он не увидит еду.

— Но он может почувствовать её запах, — задумчиво проговорила мама. — Стоит попробовать. Мы же хотим, чтобы ему здесь понравилось, поэтому для начала будет неплохо покормить его.

Она взяла пакет с едой для котят и вытряхнула несколько кусочков корма в новую миску. Они со стуком упали в миску, и Дарси увидела, как одеяльце дёрнулось.

Котёнок затаился. Ему был знаком этот звук, и он проголодался. Но снаружи тёплого, безопасного кокона из одеяла пахло странно, и было очень непривычно находиться вдали от матери и от братьев с сёстрами. Хотел ли он выйти?

Хотя он и так был очень голоден, теперь он почувствовал запах еды — тот расплылся по всей кухне, и от этого малыш почувствовал себя ещё более голодным.

Его нос высунулся из складки одеяла, и котёнок посмотрел на открытую дверь переноски. Там, снаружи, он увидел миску, позади которой сидели девочка и мальчик. Когда они увидели, что малыш смотрит на них, девочка похлопала мальчика по руке, и они отодвинулись назад, оставив побольше пространства между собой и миской с едой. Так лучше. Когда они подальше, не так страшно, как когда они близко.

Котёнок споткнулся о складку одеяльца и нерешительно остановился у выхода из переноски. Затем он медленно, лапка за лапкой, подошёл к миске и принялся есть, не спуская глаз с детей. Казалось, последний раз малыш ел очень давно, а здесь была полная миска еды. Некоторое время спустя он начал есть медленнее и даже оставил в миске несколько кусочков корма. Затем он тяжело сел и провёл лапкой по усам.

Котёнок видел детей, смотрящих на него. Теперь они не казались ему такими пугающими. Наевшись, он почувствовал себя намного лучше, хотя и захотел спать. Малыш задумчиво подошёл к ним и понюхал руки девочки. Она была не такой страшной, как мальчик, потому что всё ещё сидела неподвижно. Мальчик весь извивался от нетерпения.

Девочка не двинулась с места, даже когда малыш лизнул её пальцы, она лишь слегка вздрогнула.

Котёнок сел. Он был сыт, ему очень хотелось спать, а нога девочки казалась идеальным местом, куда он мог бы приклонить голову. Котёнок уткнулся в неё, а затем, спустя всего несколько секунд, тихо-тихо засопел.

Глава третья

— Чарли! Куда опять делся твой ошейник?

— У нас нет запасного! — Встревоженная мама обернулась, и Дарси протянула ей котёнка. Чарли счастливо ткнулся носом в её пальцы.

— Смотри — ошейника нет.

— Я не знаю, как он это делает. — Мама уставилась на Чар-

ли и покачала головой. — Чудище, — проговорила она с любовью. — К счастью, я купила тебе запасной в прошлый раз, не так ли? Подержи его минуту, Дарси, я принесу новый.

После своего первого появления в доме котёнок успокоился и стал смелее. Он был забавным и умным, и мама была права в том, что он будет играть с чем угодно в доме. Он также обожал папу. Казалось, Чарли знал, что папа не был поклонником кошек, поэтому старался быть идеальным домашним любимцем. Всякий раз, когда папа садился на диван, Чарли появлялся как по волшебству. Он усердно карабкался вверх по его джинсам, чтобы затем обессиленно упасть на папины колени. Папа делал вид, что ничего такого не происходило, но Дарси точно могла сказать, что ему это нравится. Папа снова и снова поглаживал Чарли, проводя пальцем вниз от макушки до хвоста.

Они целую вечность спорили о том, как назвать котёнка. Уилл считал, что его следует назвать Марио, как персонажа из игры Нинтендо, но Дарси не думала, что он похож на Марио. Малышу нужно было какое-то милое имя, но также выражающее его озорную сторону. Имя, которое отражало бы его способность добраться до кухонного стола менее чем за десять секунд и выпить молоко из миски с хлопьями Дарси до того, как девочка успела отойти от холодильника со стаканом сока.

На самом деле именно папа стал тем, кто придумал малышу подходящее имя. Он сказал, что котёнок напомнил ему об одном человеке, с которым он учился в школе, — его друг Чарли всегда попадал в неприятности, но потом у него всегда был такой невинный и извиняющийся вид, что все его прощали. Папа предложил это имя сразу после того, как котёнка стошнило на его обувь.

Худшим из трюков Чарли был тот, где он умудрялся избавиться от своего ошейника.

— Как ты это сделал на этот раз? — пробормотала Дарси, почёсывая его под подбородком. — Я поищу ошейник в саду позже, мам.

С тех пор как Чарли достаточно подрос, чтобы выходить на улицу, Дарси и Уилл находили ошейник на клумбах, а Ханна, которая жила по соседству, однажды обнаружила ошейник в кустах лаванды на своём участке. У Чарли, казалось, был дар делиться своим ошейником с разнообразными вещами. У кошачьих ошейников был специальный замочек, который открывался, если кошка им за что-то цеплялась, и Чарли быстро понял, как именно избавляться от излишнего украшения на шее.

Котёнок упорно выворачивался, пока мама надевала ему другой ошейник, и Дарси была уверена, что малыш меряет её руки оценивающим взглядом. Вероятно, он уже разрабатывал план того, как в очередной раз освободиться.

— Ты уже собрала рюкзак на завтра, Дарси?

— Нет, — вздохнула Дарси. Она с нетерпением ждала возвращения в школу и встречи со всеми, но после семи недель каникул будет тяжело вставать рано каждое утро. Ещё труднее будет оставить Чарли дома, когда все эти недели она провела, играя с ним.

— Чарли будет скучать по нам, мама, — сказала девочка. — Ты должна пообещать, что будешь заботиться о нём, даже когда работаешь.

Мама рассмеялась:

— Да, конечно, я буду с ним играть. Думаю, у меня просто не будет выбора. Могу поспорить, что он будет скакать по моему столу и разгуливать по клавиатуре.

— Полагаю, что так... — согласилась Дарси. — Ладно, мы вместе с Чарли пойдём собирать вещи!

Дарси отнесла котёнка в свою комнату и посадила его на кровать. Она с улыбкой наблюдала, как Чарли топает туда-сюда по пуховому одеялу, а его лапы вязнут в нём с каждым шагом. Затем малыш задумчиво посмотрел на край её кровати и сполз вниз, чтобы исследовать спальню.

Дарси вытащила из шкафа свой школьный рюкзак. Мама купила ей новые карандаши и тетради пару недель назад, но девочка забыла, куда положила их — немудрено в таком беспорядке. Чарли гонялся по ковру за шариком из бумаги и загнал его под кровать. Вылез котёнок от кончиков ушей до кончиков лап в пушистой пыли, и Дарси пришлось его отряхивать.

— Ты такой забавный, — прошептала девочка, стряхивая пыль с его усов, отчего малыш чихнул и чуть не упал. — Я буду скучать

по тебе, но обещаю, что приду домой сразу после школы и мы с тобой будем играть целую вечность. Эмма тоже придёт. Она же тебе нравится, не так ли?

Чарли забрался к Дарси на колени и свернулся калачиком, сонно играя лапкой с кончиками её волос. Дарси вздохнула. Несмотря на то что мама обещала присматривать за ним, Чарли будет так скучно без неё, пусть даже и с Уиллом.

— Мам! Мам! Угадай, что! — первый учебный день кончился, и Дарси радостно вылетела из школьных ворот и бросилась к маме. Эмма мчалась следом.

— Не знаю, — отшатнулась мама, — что случилось?

— Миссис Дженнингс организует женскую футбольную команду — и я, и Эмма уже приняты! И мы будем участвовать в школьной лиге! Матчи и тренировки — по вторникам и четвергам. Это отлично, не правда ли? Я же могу этим заниматься, не так ли? У меня есть анкета, которую ты должна подписать. Миссис Дженнингс даже показала нам форму — она зелёная и такая классная, мам!

— Ничего себе! Да... это прекрасно, я думаю. К счастью, плавание у тебя в среду. Скоро вы будете очень занятыми!

— Я могу этим заниматься, правда, мама? — с надеждой спросила Эмма у мамы, и та кивнула:

— Конечно. Вы обе молодцы!

— Потрясающе! — Дарси обняла Эмму, и они затанцевали, пока не появился Уилл, выглядящий немного уставшим и сердитым.

— Мы собираемся играть в футбольной команде! — взволнованно сказала ему Дарси.

— О, отлично. Мы можем теперь пойти в дом и увидеть Чарли?

Дарси моргнула. В течение последних минут после того, как миссис Дженнингс пришла в их класс на последнем уроке, она совершенно не вспоминала о Чарли — в первый же день, как они оставили его одного. Девочка внезапно почувствовала себя виноватой.

— Мам, как он сегодня? — встревожилась она.

— Я думаю, с ним всё хорошо. Он играл с игрушкой, а потом уснул у меня на коленях, пока я работала. Тем не менее, он будет рад увидеть вас двоих.

Дарси кивнула:

— Мы будем играть с ним целую вечность, когда придём домой!

— Не забудь про футбольные тренировки, — напомнила ей Эмма. — Миссис Дженнингс сказала, что нам нужно практиковаться и дома.

Чарли сбежал вниз по ступенькам, когда услышал, как люди идут по дорожке. Он спал большую часть дня, иногда бродя по дому в поисках Дарси и Уилла. Их мама работала в своём маленьком кабинете под лестницей, но она продолжала печатать, даже когда он принялся охотиться на её пальцы и прикусывать их. Это было не очень весело.

Когда входная дверь отворилась, он пронёсся по коридору и стал с радостью крутиться у ног Дарси и Уилла. Они присели на корточки и начали его гладить, а Дарси почесала за ушками так, как ему больше всего нравилось. Чарли всё мурлыкал и мурлыкал — он так сильно по ним соскучился.

Он с готовностью пошёл с детьми на кухню и съел кусочек бутерброда с сыром, которым Дарси его угостила. Где они были весь день? Они никогда не уходили так надолго. Чарли восторженно подпрыгивал на месте, когда Дарси начала играть с ним игрушкой-дразнилкой. Он обожал эту игру — ему нравилось сломя голову носиться по коридору, преследуя заманчиво подрагивающие перья. Но каждый раз,

когда он почти дотягивался, Дарси резко отдёргивала игрушку так, что его лапки лишь слегка касались танцующих перьев. Чарли чаще удавалось поймать игрушку, когда он играл с Уиллом. Мальчик был не так ловок, поэтому иногда котёнок успевал отгрызть парочку перьев.

Но они поиграли совсем немного, а потом Дарси исчезла наверху и спустилась уже в другой одежде. Чарли догадался, что она направлялась в сад, и он поспешно выбежал вслед за девочкой. Ему нравилось проводить время на улице. В саду было столько уютных укромных местечек и интересных запахов! Иногда летали пчёлы и бабочки. Чарли отчаянно пытался поймать хоть одного толстого пушистого шмеля. Они суетились прямо перед его носом, но ему так и не удалось ни одного схватить.

Что бы ни делала Дарси, это оказалось даже интереснее пчёл. Он проследовал за девочкой через лужайку и обрадованно прыгнул на футбольный мяч, когда она ударила по нему ногой и тот покатился по траве. Дарси засмеялась и снова ударила по мячу, и Чарли помчался за ним, напрыгнул сверху и, не удержавшись, скатился на траву. Котёнок вскочил и снова ринулся к мячу, когда Дарси пнула его, и на этот раз, когда мяч покатился, Чарли покатился вместе с ним, бороздя носом землю.

Дарси присела рядом с ним. Она обеспокоенно осмотрела котёнка, когда он принялся намывать усы.

— Прости, Чарли. Мяч ударил тебя? С тобой всё в порядке? Лучше я отнесу тебя в дом, малыш. Я не хочу, чтобы ты пострадал.

Она подняла его и отнесла обратно на кухню, а затем заперла дверцу для кошек на замок, чтобы он не смог снова последовать за ней.

Чарли с негодованием посмотрел на дверцу. Дарси не было целый день, и теперь она не хочет играть с ним! Котёнок прошёл через кухню и угрюмо залез в свою корзинку. Почему Дарси не стала с ним дальше играть? Он всего лишь хотел побыть с ней. Что он сделал не так?

Глава четвёртая

Назавтра Чарли понял, что дети опять исчезнут на целый день — у них в руках были рюкзаки и куртки, все в спешке собирались. Когда котёнок забрался на стол, чтобы полакать молоко из миски Уилла с хлопьями, мама оттолкнула Чарли и твёрдо сказала:

— Нет! — а затем воскликнула: — О, нет, он снова потерял ошейник! Мне нужно найти для него ещё один!

Дарси погладила Чарли, когда кормила его, но она о чём-то мечтала и не хотела играть. Чарли устроился повыше на лестнице и смотрел, как дети натягивают ботинки. Почему они снова уходят?

Когда Уилл побежал назад на кухню за своим забытым контейнером с завтраком, Чарли осторожно спустился вниз по лестнице и понюхал рюкзак, пытаясь понять, что происходит. Молния была открыта, и в рюкзаке странно пахло затхлостью, как от опустевшей коробки с упакованным завтраком. Это было интересно... Чарли засунул внутрь одну лапу, а затем другую и понюхал грязные крошки на дне рюкзака. А потом он чихнул.

— Посмотрите на Чарли! Он в моём рюкзаке!

Чарли поднял голову и увидел, что Уилл, смеясь, присел возле него.

— Я думаю, что он хочет пойти в школу!

— Бедняжка Чарли — он так скучает по тебе, — вздохнула мама. — Тебе лучше вытащить его, Уилл. Пора идти.

Чарли пытался вывернуться, когда Уилл мягко взял его под передние лапы и достал из рюкзака. Котёнок уверился, что в рюкзаке таится что-то захватывающее — иначе зачем его вытащили?..

Чарли мрачно смотрел, как за детьми захлопнулась входная дверь, и вернулся в свою корзинку на кухне. Возможно, они поиграют с ним, когда вернутся домой?

Дарси и Уилл изо всех сил старались уделять время Чарли, одновременно занимаясь всеми своими школьными делами. Но Дарси была слишком рада тому, что играет в футбольной команде. Ей всегда нравилось играть в мяч, но теперь она со всей серьёзностью практиковалась в игре, чтобы улучшить свои футбольные навыки. И это была не просто практика — Дарси заставила папу отвезти её в библиотеку, чтобы найти книги по футболу. Если она не играла в футбол на улице, то, свернувшись калачиком на диване, читала о нём.

Через пару недель после начала учебного года Чарли заглянул в гостиную, чтобы предложить Дарси поиграть. Она и Уилл только что вернулись из школы, и котёнок был очень рад видеть их. Малыш полежал, приютившись, между Дарси и диванными подушками, но он и без того большую часть дня дремал. Чарли хотелось бегать и охотиться на разные штуки, а не помогать девочке читать. Он пытался поиграть со страницами и даже посидеть на книге, но она просто отодвигала его. В конце концов, котёнок спрыгнул с дивана и ушёл посмотреть, чем занимается Уилл.

Как только Чарли зашёл на кухню, то услышал ворчание мальчика. Уилл смотрел на листок с заданиями, который лежал на столе. Затем он начал стирать ластиком то, что только что написал, и в итоге бросил ластик на стол так, что тот отскочил от него и упал на пол. Игра! Наконец-то! Чарли подскочил к ластику и ударил его лапкой, наслаждаясь тем, как его когти вонзились в резинку.

— Эй! Мне это ещё пригодится! — Уилл наклонился и забрал ластик. — Извини, Чарли. Я ненавижу делать задания на дом, это худшее, что может быть в школе. — Он снова посмотрел на Чарли. — Ты что же, опять потерял ошейник! Лучше сказать об этом маме.

Чарли уселся под стулом Уилла, надеясь, что он снова бросит ластик, но мальчик этого не сделал. В конце концов, котёнок сдался и выбежал через дверцу в сад. Может быть, сегодня именно тот день, когда у него получится поймать шмеля?

Чарли проскользнул через густую траву, радостно подёргивая хвостом и чувствуя, как жаркое солнце пригревает его мех. Он остановился

в центре лужайки и немного умылся — и тут появилась пчела!

Она немного полетала над лужайкой, а затем села на цветок клевера прямо перед носом котёнка. Чарли начал подкрадываться, но пчела взлетела раньше, чем он успел к ней приблизиться. Котёнок поспешил следом за пчелой, добежал до куста лаванды, который рос у стены дома, и тут пчела, весело гудя, исчезла в соседнем саду. Чарли уставился ей вслед, подёргивая хвостом. Он всё ещё слышал, как она жужжала. Ему не хватило совсем чуть-чуть! Внезапно, набравшись решимости, котёнок вскочил на садовую скамейку и забрался на её деревянную спинку. Он какое-то время балансировал там, а затем прыгнул на ограду, цепляясь когтями за стебли плюща. Мгновением позже он стоял на верхней части забора, наблюдая за пчелой, лениво гудящей над цветочными клумбами внизу.

Чарли рванул вперёд, перебрался через ограду и, спустившись, начал озираться в поисках пчелы. Мех на его спине разлохматился после дикой схватки со стеной и немного от испуга. Он не ожидал, что будет так высоко. Теперь он обязательно поймает эту пчелу, не так ли?

Она снова исчезла. Чарли огляделся, не веря своим глазам. Это было нечестно!

Его уши дёрнулись, когда он расслышал мягкий бормочущий звук. Это не пчела. Это чей-то голос. Приятный, нежный голос, немного похожий на голос Дарси, когда она гладила его. Чарли одолело любопытство. Он подбежал к забору в конце сада и увидел, что под ним есть зазор — довольно большой зазор. Котёнок мог легко пролезть, даже не пришлось бы снова карабкаться. Он пролез под забором и затаился в кустах, наблюдая, как пожилая женщина поливает цветы. Она что-то бормотала себе под нос о погоде, которая была слишком тёплой и сухой после влажного лета.

Капли воды сверкали и вспыхивали в лучах солнца, и Чарли подобрался чуть ближе. Пожилая леди не заметила его, продолжая поливать цветы, и котёнок не смог больше сопротивляться притягательному стуку капель. Он рванулся вперёд, подпрыгивая и пытаясь поймать воду своими белыми лапками.

— Ой! Откуда ты взялся? — ахнула пожилая женщина. — О, дорогой, ты весь вымок!

Усы, нос и уши Чарли покрывали капельки воды. Котёнок быстро встряхнул головой и с надеждой посмотрел на неё. Она будет делать это снова? Он постучал лапкой по лейке.

— Тебе понравилось? — рассмеявшись, пожилая леди снова наклонила лейку, и вода оросила цветы и котёнка. Чарли яростно замахал лапами, но всё равно не смог поймать ни единой капли.

— Интересно, откуда ты прибежал? — задумчиво проговорила женщина. — Я не видела тебя здесь раньше, иначе обязательно бы запомнила такую чудесную полосатую окраску. — Она наклонилась и ласково погладила котёнка по макушке. — Ты не выглядишь потерявшимся. Ты такой дружелюбный, ты совершенно точно чей-то домашний любимец. Однако у тебя нет ошейника...

Чарли снова стукнул лапой по лейке, и пожилая леди вновь начала поливать свой садик водой, смеясь над попытками котёнка поймать воду. Наконец она поставила лейку у входа в дом и вошла внутрь. Чарли последовал за ней. Ему понравилась эта леди. Она гладила и ласкала его так, как ему и хотелось, а играть с водой было очень весело.

— О, нет, малыш, не думаю, что тебе следует заходить внутрь, — мягко остановила его женщина. — Ты чей-то котёнок, и твои хозяева не хотели бы, чтобы ты ходил по чужим домам, так? Возвращайся домой.

Она закрыла стеклянную дверь и встала за ней, наблюдая за котёнком. Чарли оглянулся, а затем встал, положив передние лапы на стекло и вглядываясь внутрь. Он печально мяукнул, увидев, как пожилая леди опёрлась рукой о диван, пытаясь присесть, чтобы посмотреть на него.

Затем она отрицательно покачала головой, поднялась и ушла в глубь дома. Чарли сел и заплакал. Он хотел, чтобы она вышла и снова поиграла с ним. Никто больше с ним не играет. Он так одинок...

Спустя пять минут Чарли оказался в гостиной пожилой леди, сидя на подлокотнике её дивана и уплетая маленький кусочек сыра.

Глава пятая

— Да! — Дарси побежала дать пять Белле, забившей гол. — Три — один!

Она торжествующе помахала маме и Эмме, которые стояли на краю поля. Эмма подпрыгивала на месте. Это был их первый настоящий матч, и миссис Дженнингс постаралась сделать так, чтобы

все успели поиграть. Но Дарси не очень понравилось, что Эмме не дали поиграть подольше. Однако та, похоже, не сильно из-за этого расстроилась.

Дарси сильно разволновалась, когда миссис Дженнингс сообщила им о предстоящем матче — в конце концов, их команде всего три недели, и им определённо нужно было больше тренироваться. Но миссис Дженнингс сказала, что это станет отличным опытом, даже если они проиграют. А они выигрывают! Дарси столько тренировалась в саду после школы и не зря — это помогло их команде выйти вперёд. Когда прозвучал финальный свисток, счёт был «четыре-два», и команда начальной школы Уиллоу просто не могла перестать говорить о матче.

— Может, нам заехать в супермаркет и купить праздничный торт? — предложила мама, когда Дарси села в машину. — На днях я у них видела торт в форме футбольного мяча.

— Отличная идея! — Дарси откинулась на спинку переднего сиденья, измученная, но счастливая. Ей понравилась идея устроить праздничное чаепитие. — Я не могу дождаться воскресенья, — добавила она, сияя. В воскресенье миссис Дженнингс устроила ещё один матч — товарищеский матч с соседней школой.

— Надо купить Чарли лакомства для кошек, — заметила Дарси, когда они с мамой встали в очередь в кассу. — Мне кажется, что они у нас закончились.

— Хорошая идея! — похвалила её мама. — Кажется, они в где-то в этом ряду.

Дарси туда сбегала.

— Там была акция, три пакетика по цене двух, поэтому я взяла с разными вкусами, — объяснила она, вернувшись и складывая их в корзину.

Когда они приехали домой, Дарси пошла в душ, а позже спустилась вниз, чтобы съесть кусочек праздничного торта. Она открыла пакетик с кошачьими лакомствами и потрясла им. Чарли был отлично знаком этот звук, и он всегда сразу же прибегал на него.

Ничего не произошло, и Дарси снова потрясла пакетиком с лакомствами, на этот раз рядом с распахнутым окном в кухню. Она ожидала увидеть маленький белополосатый болид, мчащийся по саду, чтобы хлопнуть дверцей для кошек. Снова ничего не случилось. Дарси стояла посреди кухни с пакетиком и выглядела довольно растерянной.

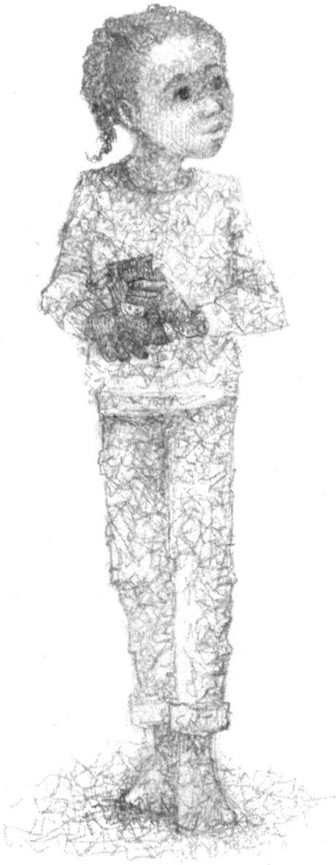

— Мама, где Чарли?

Мама отвлеклась от нарезания торта и подняла голову, оглядывая кухню.

— Я думаю, он в саду. Ой, насыплю ему корма. Я совсем забыла и ещё его сегодня не кормила.

— Значит... он ещё не обедал? — нахмурилась Дарси.

Чарли не обедал и не прибежал на звук пакетика с любимым лакомством? Это определённо было странно и встревожило её...

Дарси искала Чарли по всему дому — может быть, мама случайно закрыла его в одной из спален? Но его нигде не было. Она постояла в саду, зовя его по имени, но котёнок так и не появился.

Мама осмотрела палисадник перед домом. Чарли однажды спустился по боковому сливу, тогда Дарси застала его нежащимся в лучах солнца у передней стены. Уилл снова обыскал второй этаж, просмотрев все свои корзины для игрушек.

— Куда он мог деться? — удивлялась мама. — Он обычно всегда прибегает за едой, хотя...

— Что? — с тревогой спросила Дарси. — Хотя что, мама?

— Вы заметили, что Чарли не так часто, как обычно, крутился вокруг нас в последнюю неделю? Он даже не залезал ко мне на колени, пока я работаю.

Дарси покачала головой:

— Нет. Он обычно всегда здесь сидит, когда мы возвращаемся из школы. — Она задумалась. А видела ли она его сегодня после школы? Она бы определённо его заметила, не так ли? Дарси была настолько занята футбольными тренировками и другими дополнительными занятиями, что ничего не замечала вокруг. — Мам, как ты думаешь, с ним что-то случилось?

— Я уверена, что с ним всё в порядке, — ободрила её мама, но котёнок всё ещё не появился.

Дарси уже начинала паниковать, когда увидела Чарли. Войдя через кошачью дверцу, он спокойно разгуливал по кухне. У него стал весьма удивлённый вид, когда Дарси подскочила к нему и крепко обняла.

— Мы понятия не имели, где ты! — пробормотала девочка, почёсывая котёнка за ушками.

Чарли моргнул и ткнулся в её подбородок своим холодным маленьким носиком.

— Ты голоден? — спросила его Дарси. Одной рукой держа его, другой она достала из шкафчика пакетик с едой для котят.

Мама взяла пакетик с кормом из её рук и высыпала его в миску Чарли. Дарси ожидала, что тот сразу же бросится к еде, но котёнок, похоже, не был очень заинтересован. Он всего лишь понюхал пакетик с лакомством. Когда девочка поставила Чарли возле миски, тот съел всего пару кусочков, а затем сел и начал умываться. Казалось, будто он совсем не голоден.

— Может быть, ему не нравится этот корм? — предположил Уилл, глядя на пакетик с кошачьей едой. — Мне он точно не нравится. Пахнет просто ужасно!

— До этого момента он нравился Чарли, — заметила Дарси. — Почему он вдруг не стал его есть?

— Я заметила, что в последнее время он перестал съедать полную миску, — сказала мама. — Может быть, нам следует уменьшить количество корма, который мы даём ему? Он уже подрос, и больше не будет так быстро расти, значит, ему не требуется столько еды.

— Может быть... — вздохнула Дарси. Она не могла отделаться от ощущения, что за этим отказом от еды что-то скрывается. Но, по крайней мере, сегодня пятница, и она может понаблюдать за Чарли на выходных. Ей надо было как следует отдохнуть перед футбольным матчем в воскресенье, поэтому она могла проводить больше времени с котёнком.

— Дарси, что ты делаешь? — мама высунулась из окна кухни.

— Я пытаюсь научить Чарли трюкам! — крикнула в ответ Дарси. — Он дал мне пять! Ты это видела?!

— Я видела, что он съел слишком много кошачьих лакомств, — примерно через минуту заметила мама.

— Это такой способ. Ты награждаешь животное лакомством каждый раз, когда оно верно выполняет твою команду. Ну, или почти верно. Он очень умный кот, — с любовью проговорила Дарси, протягивая руку, чтобы Чарли стукнул по ней.

Котёнок с надеждой обнюхал её, ища лакомство.

— Хорошо... Только не скорми ему весь пакетик!

Дарси узнала, как можно обучить котёнка трюкам, на сайте, и там же говорилось, что тренировки не должны длиться дольше пяти минут. Девочка не хотела, чтобы Чарли заскучал, поэтому положила пакетик с лакомствами в карман.

— Ты очень хороший мальчик, — сказала она малышу. — Чем теперь займёмся, а?

Дарси старалась следить за котёнком весь день, но уже начала думать, что нет никакого повода для беспокойства. Чарли съел почти весь свой завтрак, а после девочка поиграла с ним, катая мячик туда-сюда по коридору. Затем он немного подремал на подлокотнике дивана, а потом гонялся за пёрышком по её спальне, пока она делала домашнее задание. После этого с котёнком поиграл Уилл, а чуть позже Чарли уселся под кухонным столом, ожидая свой обед с дополнениями. Ему мог бы перепасть кусочек бутерброда с сыром.

Всё было в порядке.

Дарси обернулась, услышав позади себя шаги, и увидела брата, выходящего во внутренний двор.

— Поиграешь со мной в футбол? — умоляюще протянул Уилл. — Дарси, ну, пожалуйста! Мне скучно.

— Не сейчас. Я играю с Чарли.

— Нет, ты даже не пытаешься. Ты просто сидишь.

— Это что у тебя, мой футбольный мяч? — с подозрением спросила Дарси. — Мой новый мяч?!

— Он лежал за цветочным горшком, — пожал плечами Уилл. — Если он такой особенный, тебе следовало бы его убрать.

— Не трогай его, — потребовала Дарси. — Я серьёзно.

— Не будь жадиной!

— Уилл, это мой новый мяч, иди и возьми свой!

Брат не ответил. Он усмехнулся, глядя на Дарси, и демонстративно начал стучать мячом о садовую ограду.

— Мама! — закричала Дарси. — Скажи ему, чтобы он перестал играть с моим новым мячом!

Уилл оглянулся, чтобы посмотреть, услышала ли мама крик Дарси, и слишком сильно ударил по мячу. Тот перелетел через задний забор.

— Ну вот, посмотри, что ты наделал, — разозлилась Дарси. — Теперь мы никогда не вернём его.

— Прости... — стыдливо ответил Уилл. — Я пойду и попрошу, чтобы нам отдали мяч.

— Это плохая идея, — отрезала Дарси. — Мяч улетел не в соседний сад, к Ханне, он улетел в чужой сад. И мы даже не знаем, кому он принадлежит. — Затем она перестала хмуриться и медленно обернулась. — Где Чарли?

Уилл огляделся:

— Я не знаю.

— Но я пыталась следить за ним. Не могу в это поверить! Это всё твоя вина, Уилл!

Чарли проскользнул под забором в сад пожилой леди. Он обожал Дарси, особенно когда она играла с ним или когда он прижимался к ней, лёжа на пуховом одеяле ночью. Но громкие голоса и крики заставляли его нервничать. Он не любил, когда Дарси и Уилл ссорились. Каждый раз, когда они спорили, его шерсть вставала дыбом вдоль позвоночника, а хвост беспокойно дёргался из стороны в сторону. В доме старушки всегда было спокойно — никто не кричал. И теперь у неё были даже лакомства для кошек.

Он пересёк сад и с надеждой взглянул на стеклянную дверь. Она был закрыта, но одно из окон было захлопнуто неплотно, и в нём виднелась щель. Чарли определённо смог бы в неё протиснуться. Он запрыгнул на подоконник и залез внутрь, осторожно обходя рамки с фотографиями и вазу. Похоже, дома никого не было, лишь луч тёплого солнечного света проникал внутрь, образовывая на ковре тёплое пятнышко. Котёнок сел прямо в его центр и начал вылизываться. Он всего лишь немного побудет тут, а потом, возможно, вернётся и посмотрит, не захочет ли Дарси снова с ним поиграть. Немного...

Глава шестая

— Его нет уже целую вечность, — грустно проговорила Дарси. — Несколько часов, мама. Он никогда не убегал так надолго. Уже обед, обычно в это время Чарли уже сидит на кухне и с надеждой ждёт, когда мы его накормим.

Мама нахмурилась:

— Это началось где-то в начале прошлой недели или около того, Дарси. Как я уже говорила, Чарли больше не заботит, покормим мы его или нет. Вот почему сегодня утром я уменьшила ему порцию на завтрак.

Дарси уставилась на неё. Она смутно помнила, как мама что-то говорила об этом за день до того, как Чарли не явился к обеду. Однако тогда её больше волновало то, где на самом деле пропадал Чарли, и она не слушала. Очевидно, слушать надо было внимательнее.

— И ты ещё говорила, что он не крутился у нас под ногами, как обычно, — пробормотала она. — Он не отвлекал тебя, пока ты работала... Вот почему я старалась следить за ним сегодня.

Мама кивнула.

— Я соскучилась по нему, — призналась она с обеспокоенной улыбкой. — Раньше я жаловалась, что он топчется по клавиатуре и вредит моей работе, но на самом деле с ним было намного веселее...

— А потом он перестал так делать?

— Да... Я думала, это произошло потому, что он стал немного старше и менее игривым. Мне казалось, что он просто стал больше спать. — Мама прикусила нижнюю губу и взглянула на дверцу для кошек, как будто надеялась, что сейчас сквозь неё пробежит Чарли.

Этого не произошло.

— В этом есть определённый смысл, — пришёл на помощь папа. — Кошки начинают больше спать, когда становятся старше, не так ли?

Дарси села на один из кухонных стульев, её сердце быстро забилось. Чарли продолжал пропадать и больше не беспокоился о еде. Это выглядело так, будто... как если бы... Она смотрела на свои пальцы, сплетая их снова и снова. Казалось,

котёнок больше не считал их дом своим. Он убегал куда-то ещё.

— Как вы думаете, у него есть другой дом? — выпалила девочка.

— Что?! — Уилл покачал головой. — Этого не может быть, — его голос прозвучал сердито: — Не говори так, Дарси!

— Появился кто-то ещё, кто кормит Чарли и играет с ним... — продолжила Дарси несчастным голосом. Она чувствовала себя по-настоящему виноватой. Она была так рада тому, что у неё появился собственный котёнок, и они с Уиллом так трепетно заботились о нём в первые недели. Они полюбили Чарли и проводили всё время, играя с ним. Они везде брали котёнка с собой, строили ему игровые площадки из подушек и устраивали мягкую постель, как только он начинал выглядеть хоть немного сонным. Они с тревогой следовали за Чарли, как только ему стало можно выходить на улицу и исследовать сад.

Затем снова начался учебный год, и Дарси взяли в футбольную команду — в её жизни появились более захватывающие вещи, чем котёнок.

Но ей нужно было тренироваться, запротестовал голос в её голове. Это было важно! Ну, да, верно, но ей не следовало посвящать этому всё свободное время. И читать все эти книги по футболу, которые она взяла в библиотеке, потому что хотела стать лучшей в команде...

Дарси поморщилась, вспомнив, как отправила Чарли на пол, потому что он продолжал сидеть на графике, который она пыталась рассмотреть. До девочки только сейчас дошло, что он всего лишь хотел поиграть с ней. Чарли не понимал, почему его отталкивают после стольких дней вместе, когда Дарси не делала ничего, кроме как играла с ним. Поэтому котёнок думал, что они будут продолжать в том же духе, и её это раздражало. Она потребовала, чтобы он перестал ей мешать. Девочка почувствовала, как на глазах выступили слёзы, и шмыгнула носом.

А что насчёт Уилла? У Чарли был Уилл, с которым можно было поиграть, — оправдывался внутренний голос. Однако Дарси прекрасно знала, что Уилл хотел заниматься абсолютно всем, чем занималась она. Ведь она была его старшей сестрой, и ему хотелось казаться таким же взрослым. И поскольку Дарси проводила всё своё время, играя в футбол, Уилл занимался тем же. Именно поэтому он взял её новый мяч и начал играть с ним. А пока девочка отчитывала брата, котёнок убежал, чтобы найти дом получше. Куда-то, где люди ценят его присутствие. Слёзы потекли по щекам Дарси, и она вздохнула:

— Думаю, он больше не хочет жить с нами!

Мама и папа пытались убедить Дарси, что она ошиблась и что Чарли нравилось жить с ними, но в это было трудно поверить, ведь котёнок все ещё не вернулся домой. Он не пришёл и ночью...

— У него даже не было ошейника, — плакала Дарси, укладываясь в постель. — Мы всё время забывали сходить в зоомагазин и купить ему новый. Котёнок не носил ошейник в течение нескольких дней. Если Чарли нашёл другой дом, люди, вероятно, подумали, что он бездомный, потому что они никогда не видели на нём ошейник.

— Хотелось бы, чтобы замок был надёжнее, — вздохнула мама.

Дарси рассмеялась:

— Дело не в том, что ошейники плохо держались, мам. Чарли снимал их специально. Он слишком умный. Он тёрся о ножки стула до тех пор, пока замок не раскры-

вался, — её голос снова дрогнул, в нём послышались слёзы.

Мама крепко обняла дочку.

Как могло их умному, прекрасному, великолепному котёнку разонравиться жить с ними?

Позже, тем же вечером, когда Дарси решила спуститься попить, она услышала разговор мамы и папы. Они находились в гостиной и не заметили её. Дарси присела на ступеньку и решила послушать, наблюдая за ними сквозь перила лестницы.

— Как ты думаешь, Дарси права? — спросил папа. — Кто-то забрал его к себе?

Девочка услышала, как мама вздохнула:

— Это вполне вероятно, не правда ли? Мы мало уделяли ему внимания — я просто не осознавала этого... Но, если честно, Дейв, я бы предпочла вариант, что его кто-то забрал... Понимаешь, люди так быстро ездят по этой дороге, а он всего лишь маленький котёнок. Кошки не понимают, насколько быстро двигаются автомобили.

— Кто-нибудь обязательно сообщил бы нам, если бы его сбила машина. Ох, только у него нет ошейника.

— Точно, — мрачно ответила мама. — Но, надеюсь, тот, кто его нашёл, отвезёт его к ветеринару, который отсканирует его микрочип. Они обязательно позвонят нам.

— Хммм. Я полагаю, его могли бы где-нибудь случайно запереть... Может быть, в сарае или гараже.

Дарси не хотела больше слушать. Она медленно поднялась наверх и легла в кровать, но после услышанного ей потребовалась целая вечность, чтобы уснуть. Она лежала наверху, представляя Чарли, запертого в тёмном сарае, мяукающего, зовущего, чтобы она пришла и выпустила его. Или неподвижно лежащего в свете фар... Это было слишком ужасно. Она зарылась лицом в подушку, стараясь не думать об этом.

Следующим утром Дарси рано проснулась. Вся семья рано проснулась. Прошлым вчером они ходили вверх и вниз по улице, заглядывая через все заборы и зовя Чарли. Они опросили всех соседей, которые встретились им на пути, но никто из них не видел котёнка. Папа сказал, что они должны продолжать поиски. Так или иначе, они должны его найти.

— Мы можем взять фотографию Чарли и напечатать объявления, — предложила мама.

— О! Мы можем сделать это прямо сейчас? — подскочила Дарси. Девочка пыталась съесть кусочек тоста, так как мама велела съесть хоть что-то, но аппетита не было.

— Прошлым вечером ты почти ничего не ела... — начала мама, но потом покачала головой и вздохнула. — На самом деле я тоже не очень голодна. Ладно, давайте найдём подходящее фото Чарли в моём телефоне.

Дарси и Уилл смотрели через мамино плечо, пока она пролистывала на телефоне фотографии Чарли. Их было так много: вот Чарли развалился на диване, вытянув лапы; вот Чарли уселся в миску с хлопьями, которую мама оставила на столе; а вот Чарли спит, уткнувшись носом в свою миску. Дарси почувствовала, как её глаза снова наполняются слезами. Она постаралась сдержать их. Плакать было бесполезно, слёзы не помогут им найти котёнка. Девочка тяжело вздохнула и ткнула пальцем в фотографию Чарли, с надеждой смотрящего на неё с экрана. Должно быть, в тот момент он ждал свой обед или, возможно, лакомство. Чарли смотрел прямо в камеру своими прекрасными большими жёлто-зелёными глазами, а ещё на

фото были хорошо видны его серые полоски на белой шёрстке.

— Да, это отличная фотография, — согласилась мама. — Я скачаю её на компьютер, и мы сделаем с ней объявления.

Она вышла из кухни, чтобы включить компьютер, и Дарси последовала за ней.

— Что мы собираемся написать? — спросила она у мамы. — Я имею в виду, что если кто-то действительно забрал Чарли к себе, мы же не можем просто взять и написать: «Верните нашего котёнка!» — не так ли?

— Мы не можем знать наверняка, что произошло, — заметила мама. — Хотя, вероятнее всего, его действительно кто-то подобрал. Как насчёт такого текста?

Она быстро напечатала текст и откинулась назад, чтобы Дарси смогла прочитать.

— Отлично, — согласилась Дарси.

Мама дописала свой и папин номера телефонов и распечатала двадцать копий.

ПОТЕРЯЛСЯ

Молодой бело-полосатый кот. На Чарли не было ошейника, поэтому он мог показаться бездомным, но это не так. Дома его ждёт любящая семья. Пожалуйста, помогите его найти!

— Начнём с этого. Если мы ничего не выясним, тогда сделаем несколько маленьких листовок, чтобы засунуть их под двери всех соседей.

Дарси кивнула, тяжело сглотнув. Она была поражена тем, что они действительно собираются расклеивать эти объявления — люди будут смотреть на них и думать: «О, я должен выглядывать этого бедного котёнка». Конечно, Дарси и мама поступают правильно, но девочка чувствовала себя ужасно от того, что они должны это сделать. Дарси часто проходила мимо таких объявлений и жалела бедных потерянных кошек и их хозяев. Случилось так, что теперь они сами стали печальными владельцами пропавшего котёнка.

— Мы же тоже будем продолжать искать его самостоятельно, не так ли? — спросила она маму. — Мы вчера проверили только свою улицу. Нам предстоит поискать его на соседней улице и той, чьи задние дворы примыкают к нашим.

— Да, обязательно, — согласилась мама. — Мы поищем его утром, но потом мы пойдём на твой футбольный матч.

Дарси уставилась на неё. Она совсем забыла о футбольном матче! Она покачала головой:

— Я не могу в нём участвовать! Не тогда, когда Чарли пропал, мама. Я просто не могу. Ты скажешь миссис Дженнингс, что я не могу пойти?

Мама с беспокойством посмотрела на неё.

— Я не уверена, что ты должна так поступать, дорогая. Ты — часть команды. Ты подведёшь всех остальных.

— Не подведу. Просто у Эммы будет больше шансов поиграть. Честно говоря, она обрадуется. Разве ты не понимаешь? Я перестала заботиться о Чарли потому, что была так увлечена своей футбольной командой. Я всё время тренировалась и даже не удосуживалась играть с ним. Но теперь мне всё равно, выгонят или нет меня из команды, лишь бы мы смогли найти Чарли целым и невредимым.

Мама вздохнула:

— Хорошо. Может быть, я не скажу миссис Дженнингс именно это, но, надеюсь, она поймёт.

Глава седьмая

Спустя некоторое время Чарли собрался домой. Времени прошло достаточно, чтобы Дарси и Уилл успокоились и перестали кричать друг на друга. Когда они начинали спорить, шерсть на загривке котёнка становилась дыбом, а от громких криков звенело в ушах. Чарли никогда не кусал и не царапал Дарси или Уилла, даже никогда не пытался. Но лишь только они начинали кричать друг на друга, то злость, казалось, витала в воздухе вокруг них, и в такие моменты Чарли нестерпимо хотелось вонзить когти в их лодыжки. Поэтому он решил переждать ссору вне дома.

Когда пожилая леди вернулась домой с покупками, она рассмеялась, увидев, что котёнок свернулся калачиком и дремлет на коврике. Она тяжело присела на корточки, почесала его за ухом и тихо проговорила о том, какой он красивый и какую хорошую компанию он ей составит.

— Раньше я чувствовала себя очень одиноко, но теперь ты навещаешь меня, — пробормотала женщина.

Чарли сел и замурлыкал, подставляя голову под её ласковые поглаживания, и потёрся о неё всем телом.

— Как хорошо, что я взяла ещё несколько пакетиков с кошачьей едой, не так ли? Ты голоден, малыш? — пожилая леди встала, и Чарли торопливо последовал за ней на кухню. Он был очень голоден. После того как котёнок наелся, он почувствовал, что хочет спать. Было так приятно свернуться калачиком на диване, на коленях пожилой леди. Чуть позже он обязательно вернётся обратно к Дарси и Уиллу, протиснется под забором и перелезет через стену... Однако квартира была такой тихой и уютной, что он так и не вернулся.

Дарси слушала разговор мамы с миссис Дженнингс — в мамином голосе звучали извинения. Она продолжала говорить о том, как сильно Дарси любит футбол, а также о том, что случившееся очень важно и все они очень расстроены.

В этот момент Дарси спрятала голову под одну из диванных подушек. Было слишком странно слушать, как мама рассказывает о том, что она несчастна. Девочка ещё больше расстроилась. Чем больше людей узнавали, что Чарли пропал, тем хуже ей становилось. «А теперь очень многие люди знают об этом», — думала Дарси, вздыхая в пыльную ткань подушки.

Папа решил, что засунуть небольшие листовки под двери людей — очень хорошая идея. Он добавил, что у соседей будет их номер телефона на случай, если они заметят Чарли. Дарси понимала, что чем больше людей будут знать о пропаже Чарли, тем больше людей будут его искать. Но когда все соседи с их улицы получили маленькую фотографию Чарли, ощущение того, что он пропал насовсем, усилилось.

Она и папа обходили дома со своей стороны дороги, а мама и Уилл с противоположной. Дарси с грустью заметила, что Уиллу нравилось это занятие. Ему это казалось захватывающим — бросать небольшие листовки в почтовые ящики. Если бы листовки были про что-то другое, Дарси бы тоже понравилось. Но она, казалось, смотрела на фотографию Чарли под неправильным углом — когда она бросала листовку в прорезь ящика, он выглядел таким грустным, его нос сморщился, а усы поникли. Он выглядел как Пропавший котёнок.

Папа и Дарси шли по улице в сторону Тирск Вей, которая вела к Барретт Клоуз — точной копии улицы, где жила семья Дарси и чьи сады граничили с их задним двором.

— Нам нужно разнести листовки по домам и на этой улице, — предложила Дарси папе. — Чарли был в саду, когда мы его потеряли, — он мог с лёгкостью перелезть через задний забор и попасть в один из здешних садов.

— Думаешь? — с сомнением в голосе ответил папа. — У нас довольно высокий забор. Если честно, я не уверен, что он смог через него перелезть. Я скорее склоняюсь к тому, что он убежал через палисадник.

Дарси покачала головой. Она видела раньше, как Чарли взбирался на стену и запрыгивал на дерево, словно это была маленькая лестница для кошек. Он был удивительно ловок.

— Но, возможно, ты права, — кивнул папа. — Сюда не так уж далеко добираться. Он мог бы просто пройти по дороге и свернуть за угол, как мы. У нас достаточно листовок или нужно вернуться и напечатать ещё?

— Достаточно, — ответила Дарси, показывая ему стопку. — Однако я не уверена, хватит ли нам их на небольшой многоквартирный дом, который находится за нами. Я не знаю, сколько людей там живет.

— Хорошо, давай посмотрим, на сколько нам хватит, — решил папа, шагнув на дорожку, ведущую к ближайшему дому.

У них ещё оставалось несколько листовок, когда они добрались до многоквартирного дома в конце дороги, и Дарси неуверенно посмотрела на главный вход. Там не было общего почтового ящика — должны ли они войти и положить листовки в ящики внутри?

— Как ты думаешь, нам можно сунуть их прямо под двери жильцам? — спросила девочка у папы. — По воскресеньям почту не разносят, не так ли? Никто не спустится и не проверит их, — она указала на почтовые ящики. — Мы же хотим, чтобы они сегодня же поискали Чарли в саду... Интересно, какой квартире принадлежит сад? Или, может быть, он общий?

— Вероятно, этой, — папа открыл главную дверь и подошёл

к двери за лестницей. — Засунь листовку под эту дверь, Дарси.

Но, как только Дарси присела, чтобы положить листовку, замок щёлкнул и дверь открылась.

Дружелюбный голос произнёс:

— Здравствуйте! Я слышала, как вы разговариваете, вы что-то принесли?

Но Дарси не слушала, потому что почти нос к носу столкнулась с маленьким бело-полосатым котён-

ком, с любопытством уставившимся на неё круглыми жёлто-зелёными глазами.

Дарси была так удивлена, что чуть не упала.

— Чарли! — громко закричала она, и бело-полосатый котёнок, махнув хвостом, убежал обратно в квартиру.

— Это был Чарли? — воскликнул папа. — Ты в порядке, милая? Ушиблась? Я не заметил — это действительно был он?

Дарси смогла только кивнуть. Она не могла говорить. Девочка была абсолютно уверена, что это был Чарли, но он увидел её и сразу убежал!

— Чарли? — Пожилая женщина с тревогой посмотрела на Дарси и её отца. — Простите, я не совсем...

Она удивлённо смотрела, как Дарси вскочила и, оттолкнув папу, помчалась прочь, убегая домой.

Чарли спрятался на кухне. Он сжался в маленький комочек под столом. Его ушки были плотно прижаты к голове, а хвостик распушился и стал в два раза больше, чем обычно. Котёнок был смущён. Чарли не ожидал увидеть здесь Дарси — она жила в другом его доме. Он скучал по ней и хотел вернуться, но окна в квартире всегда закрывались на ночь, а дверца для кошек и вовсе отсутствовала.

Он был не против пожить в квартире, так как пожилая леди заботилась о нём и давала угощения. Она даже купила мячик, который звенел, когда Чарли играл с ним. Она также купила для него лоток и поставила в угол кухни. Но он продолжал думать о Дарси и Уилле и о том, как хорошо было бы свернуться клубочком на краю кровати Дарси. Он часто сидел на подоконнике и смотрел на тёмный сад, тихонько мяукая, но затем приходила женщина, чесала котёнка под подбородком, и он забывал о них...

А потом дверь открылась, и он увидел Дарси. Он впал в ступор, а она закричала! Он даже не понял, почему убежал... Но Дарси снова ушла, и теперь он жалел об этом...

Пожилая леди поспешила на кухню, зовя котёнка:

— Кис-кис-кис! Иди сюда, малыш. Ох, дорогой...

Чарли посмотрел на неё в замешательстве. Хотя она не кричала, её обычно мягкий голос звучал высоко и тревожно.

Женщина присела на один из кухонных стульев и тяжело вздох-

нула. Потом она наклонилась и посмотрела на него, а затем на листок бумаги в руке.

— Это ведь ты, не так ли, малыш? Девочка уронила листовку, когда упала. О, это ужасно. Я была совершенно уверена, что ты бездомный. Когда ты приходил ко мне, ты выглядел таким голодным... Наверное, мне просто хотелось, чтобы у тебя не было дома и ты мог остаться со мной.

Чарли подползл ближе, касаясь носом листка бумаги.

— Да, это определённо твоя фотография. Что ж, нам лучше отвести тебя обратно. Бедная девочка была очень расстроена. Они живут в доме, от которого наш дом отделяет забор. Я слышала их в саду, девочку и её младшего брата.

Чарли поставил передние лапы на колено пожилой женщины и попытался откусить кусочек листовки, но она подняла котёнка, прижала к плечу и погладила его мягкий бархатный носик.

— Я действительно должна вернуть тебя обратно. Ох, дорогой...

Глава восьмая

Дарси мчалась вниз по улице к дому. Мысли путались в голове девочки — она была слишком расстроена, чтобы думать ясно. Дарси просто хотелось убежать оттуда. Эта пожилая леди украла Чарли! Она заперла его в своей квартире и сделала его своим питомцем. «Она украла его! Украла!» — шептала Дарси на бегу.

Но проблема заключалась в том, что, несмотря на то что Дарси была расстроена, она понимала — это неправда. Это было только то, во что она хотела верить. Если бы эта женщина заперла Чарли и держала его против воли, котёнок бы сбежал сразу же, как та открыла дверь. Однако Чарли не пытался убежать, когда Дарси его увидела, — он просто хотел посмотреть, кто пришёл. Именно Дарси была тем человеком, которая обидела его. Он убежал от неё.

Пожилая леди забрала его с улицы. Она, вероятно, подумала, что у него нет дома, потому что он часто появлялся в её саду. К тому же у него не было ошейника. Хозяева перестали обращать на него внимание, особенно Дарси, и Чарли отправился на поиски кого-то, кто смог бы полюбить его.

Дарси тяжело вздохнула. Он нашел такого человека и выбрал жить с ним.

Она распахнула калитку и пошла по дорожке к дому. Затем она осознала, что входная дверь, разумеется, заперта, а ключи остались у папы.

Дарси опустилась на порог, держа последнюю копию листовки в руках. Она уставилась на неё и заплакала. Слёзы закапали на фотографию

Чарли, размывая чернила. Как они могли быть такими глупыми и забыть, каким особенным он был?

— Дарси! — к дому по дорожке спешили папа с мамой, а следом за ними Уилл.

— Что случилось? — тревожилась мама. — Мы видели, как ты бежала по улице! В чём дело? Вы нашли его? О, он не...

Она замолчала, но Дарси догадалась, что она собиралась сказать — мама беспокоилась, что Чарли могла сбить машина.

Дарси всхлипнула. Если бы это произошло, было бы намного хуже. Она почувствовала себя немного лучше — по крайней мере, Чарли оказался цел и невредим.

Папа обошёл её, чтобы открыть входную дверь:

— Пойдёмте, сейчас мы всё объясним.

Он осторожно поднял Дарси с порога и завёл внутрь.

— Вы нашли его? — спросил Уилл. — Что случилось? Почему Дарси плачет? Где Чарли?

— В другом доме, в квартире, — шмыгнула носом Дарси. — Теперь он живёт с пожилой леди. Он больше не хочет быть нашим питомцем, — она спрятала лицо в ладонях. — Но, по крайней мере, его не сбила машина, как думала мама.

— Что? — Мама обняла её. — О, Дарси, ты подслушала наш с папой разговор прошлой ночью?

— Я не хотела этого делать, — пробормотала Дарси.

Она резко подскочила, когда раздался звонок в дверь. Уилл от-

крыл дверь и застыл, уставившись на женщину на пороге, у которой на руках сидел Чарли.

Она выглядела взволнованной, а Чарли, которого она крепко держала, извивался всем телом, пытаясь высвободиться.

— Простите за беспокойство. Меня зовут Роза Маколей, и мне кажется, что это ваш котёнок.

Чарли немного перекусил кошачьим кормом из своей миски, она стояла нетронутой, но пожилая леди покормила его утром, так что он не был голоден. Затем он прошёлся по кухне, одобрительно осматривая ноги присутствующих. Все члены семьи были дома, именно там, где и должны были быть. Он потёрся о кроссовки Уилла, и тот наклонился, чтобы погладить его. Затем котёнок запрыгнул на колени к Дарси, ожидая, что она тоже его погладит. У Дарси это всегда получалось лучше всех.

Но она лишь смотрела на него, её рука замерла в воздухе, как будто она хотела его погладить, но не была уверена, стоит ли. Чарли посмотрел на неё в ответ, вспомнив, как накануне она кричала на Уилла, а потом и на него, когда тот выглянул из-за двери. Может быть, после того как он убежал, она больше его не любит? Он прижал уши и съёжился, спрашивая себя, нужно ли ему спрыгнуть.

Медленно, нерешительно Дарси почесала его за ухом, и Чарли толкнулся носиком в её руку. Всё было в порядке. Она была такой же, как и раньше. Котёнок закрыл глаза и блаженно поднял мордочку, когда девочка почесала его под подбородком. Это было именно то место, где определённо нужно было почесать... Он замурлыкал.

— Мне очень, очень жаль, — пыталась объяснить Роза. — Видите ли, у него не было ошейника и он

выглядел очень голодным. — Она вздохнула. — Конечно, я уверена, он вовсе не был голоден. Он просто очень хороший актёр. Мне не стоило пускать его тогда...

— Это наша вина, — произнесла мама, оторвавшись от приготовления чая. — Все были слишком заняты, когда у Дарси и Уилла начался новый учебный год. Я должна была догадаться, что Чарли начал сбегать. Но я была занята работой, и мы просто не уделяли ему достаточно внимания.

— Конечно, я больше не буду его кормить. И если он снова залезет в мой сад, я прогоню его, — пообещала Роза, глядя на Чарли, который теперь свернулся клубком на коленях у Дарси. Маленьким бело-полосатым клубком. Дарси заметила, что её лицо стало грустным.

— Вам не нужно этого делать! — прошептала девочка, чтобы не беспокоить дремлющего котёнка, и Роза удивлённо посмотрела на неё. — Я имею в виду, что вы нравитесь Чарли. Ему же можно иметь друзей... — Дарси смущённо пожала плечами. Она была уверена в своих словах, но они прозвучали немного глупо.

— Дарси права, — кивнул папа. — Если вы не возражаете, чтобы он вас навещал, то пожалуйста.

Роза застенчиво улыбнулась:

— Очень мило с вашей стороны. Я все ещё чувствую себя ужасно из-за того, что случайно украла вашего котёнка...

— Вы и должны так себя чувствовать, — заявил Уилл обвиняющим тоном. — Мы очень переживали за него!

— Уилл! — Дарси шокированно посмотрела на него. — Не будь таким грубым!

Роза покачала головой, улыбаясь:

— Уилл очень напоминает мне моего внука Луи. Ему семь лет.

Уилл выглядел довольным:

— Мне всего шесть, но я действительно взрослый. Луи учится

в той же школе, что и мы? В третьем классе есть Луи, правда, Дарси?

— Нет, — Роза печально покачала головой. — Боюсь, он живёт в Лондоне, довольно далеко отсюда. Но я разговариваю с ним по телефону каждую неделю.

Дарси посмотрела на Чарли и погладила забавный пушок, растущий у основания его ушей. Она не могла не спрашивать себя о том, не одинока ли Роза из-за того, что её семья далеко. Казалось, она нуждалась в Чарли почти так же, как и они.

— На Чарли очень плохо держатся ошейники, — объяснила она Розе. — Как вы думаете, мы могли бы дать вам запасной на случай, если котёнок придёт к вам без него?

— О, конечно! — пожилая леди воодушевлённо кивнула. — Я обязательно проверю, есть ли на нём ошейник. — Она наклонилась и посмотрела на Чарли, разлёгшегося на коленях у Дарси. — Он действительно удивительно красивый малыш, не правда ли? — восхищённо пробормотала она.

Дарси кивнула:

— Самый красивый кот на свете.

Она не была уверена, услышал ли её Чарли, но он тихо мурлыкнул во сне и перевернулся у неё на коленях так, что теперь лежал на спине, а совершенно розовые подушечки его лап зависли в воздухе. Его животик был покрыт абсолютно белой шёрсткой с несколькими полосатыми пятнышками по бокам.

— О, настоящий ангелочек, — рассмеялась Роза.

Дарси улыбнулась Чарли, тяжёлому, тёплому и совершенно расслабленно лежащему на её коленях. Чарли был их котёнком, но она не против была им поделиться, только совсем немного.

Оглавление

Литературно-художественное издание
әдеби-көркемдік баспа

Для среднего школьного возраста
орта мектеп жасындағы балаларға арналған

ДОБРЫЕ ИСТОРИИ О ЗВЕРЯТАХ

Вебб Холли

КОТЁНОК ЧАРЛИ,
или ХВОСТАТЫЙ БРОДЯГА
(орыс тілінде)

Ответственный редактор *Т. Суворова.* Редактор *И. Юкио*
Художественный редактор *И. Успенский.* Технический редактор *Г. Этманова*
Компьютерная верстка *Г. Клочкова.* Корректор *Т. Бородоченкова*

Страна происхождения: Российская Федерация
Шығарылған елі: Ресей Федерациясы

Соответствует техническому регламенту ТР ТС 007/2011
КО ТР 007/2011 техникалық регламентіне сәйкес келеді

ООО «Издательство «Эксмо»
123308, Россия, город Москва, улица Зорге, дом 1, строение 1, этаж 20, каб. 2013.
Тел.: 8 (495) 411-68-86.
Home page: www.eksmo.ru E-mail: info@eksmo.ru
Өндіруші: «ЭКСМО» АҚБ Баспасы,
123308, Ресей, қала Мәскеу, Зорге көшесі, 1 үй, 1 ғимарат, 20 қабат, офис 2013 ж.
Тел.: 8 (495) 411-68-86.
Home page: www.eksmo.ru E-mail: info@eksmo.ru.
Тауар белгісі: «Эксмо»
Интернет-магазин : www.book24.ru

Интернет-магазин : www.book24.kz
Интернет-дүкен : www.book24.kz
Импортёр в Республику Казахстан ТОО «РДЦ-Алматы».
Қазақстан Республикасындағы импорттаушы «РДЦ-Алматы» ЖШС.
Дистрибьютор и представитель по приему претензий на продукцию,
в Республике Казахстан: ТОО «РДЦ-Алматы»
Қазақстан Республикасында дистрибьютор және өнім бойынша арыз-талаптарды
қабылдаушының өкілі «РДЦ-Алматы» ЖШС,
Алматы қ., Домбровский көш., 3«а», литер Б, офис 1.
Тел.: 8 (727) 251-59-90/91/92; E-mail: RDC-Almaty@eksmo.kz
Өнімнің жарамдылық мерзімі шектелмеген.
Сертификация туралы ақпарат сайтта: www.eksmo.ru/certification

6+

Сведения о подтверждении соответствия издания согласно законодательству РФ
о техническом регулировании можно получить на сайте Издательства «Эксмо»
www.eksmo.ru/certification
Өндірген мемлекет: Ресей Сертификация қарастырылған

Дата изготовления / Подписано в печать 24.02.2022. Формат 84x108 1/32.
Гарнитура «Гарамонд». Печать офсетная. Бумага офсетная пухлая. Усл. печ. л. 7,56.
Доп. тираж 5000 экз. Заказ 1761.

Отпечатано с готовых файлов заказчика
в АО «Первая Образцовая типография»,
филиал «УЛЬЯНОВСКИЙ ДОМ ПЕЧАТИ»
432980, Россия, г. Ульяновск, ул. Гончарова, 14

Москва. ООО «Торговый Дом «Эксмо»
Адрес: 123308, г. Москва, ул. Зорге, д.1, строение 1.
Телефон: +7 (495) 411-50-74. **E-mail:** reception@eksmo-sale.ru

По вопросам приобретения книг «Эксмо» зарубежными оптовыми покупателями обращаться в отдел зарубежных продаж ТД «Эксмо»
E-mail: **international@eksmo-sale.ru**

International Sales: International wholesale customers should contact Foreign Sales Department of Trading House «Eksmo» for their orders.
international@eksmo-sale.ru

По вопросам заказа книг корпоративным клиентам, в том числе в специальном оформлении, обращаться по тел.: +7 (495) 411-68-59, доб. 2261. E-mail: **ivanova.ey@eksmo.ru**

Оптовая торговля бумажно-беловыми и канцелярскими товарами для школы и офиса «Канц-Эксмо»:
Компания «Канц-Эксмо»: 142702, Московская обл., Ленинский р-н, г. Видное-2, Белокаменное ш., д. 1, а/я 5. Тел./факс: +7 (495) 745-28-87 (многоканальный).
e-mail: **kanc@eksmo-sale.ru**, сайт: www.**kanc-eksmo.ru**

Филиал «Торгового Дома «Эксмо» в Нижнем Новгороде
Адрес: 603094, г. Нижний Новгород, улица Карпинского, д. 29, бизнес-парк «Грин Плаза»
Телефон: +7 (831) 216-15-91 (92, 93, 94). **E-mail**: reception@eksmonn.ru

Филиал ООО «Издательство «Эксмо» в г. Санкт-Петербурге
Адрес: 192029, г. Санкт-Петербург, пр. Обуховской обороны, д. 84, лит. «Е»
Телефон: +7 (812) 365-46-03 / 04. **E-mail**: server@szko.ru

Филиал ООО «Издательство «Эксмо» в г. Екатеринбурге
Адрес: 620024, г. Екатеринбург, ул. Новинская, д. 2щ. Телефон: +7 (343) 272-72-01 (02/03/04/05/06/08)

Филиал ООО «Издательство «Эксмо» в г. Самаре. Адрес: 443052, г. Самара, пр-т Кирова, д. 75/1, лит. «Е». Телефон: +7 (846) 207-55-50. **E-mail**: RDC-samara@mail.ru

Филиал ООО «Издательство «Эксмо» в г. Ростове-на-Дону. Адрес: 344023, г. Ростов-на-Дону, ул. Страны Советов, 44А. Телефон: +7(863) 303-62-10. **E-mail**: info@rnd.eksmo.ru

Филиал ООО «Издательство «Эксмо» в г. Новосибирске. Адрес: 630015, г. Новосибирск, Комбинатский пер., д. 3. Телефон: +7(383) 289-91-42. E-mail: eksmo-nsk@yandex.ru

Обособленное подразделение в г. Хабаровске
Фактический адрес: 680000, г. Хабаровск, ул. Фрунзе, 22, оф. 703 . Почтовый адрес: 680020, г. Хабаровск, А/Я 1006. Телефон: (4212) 910-120, 910-211. **E-mail**: eksmo-khv@mail.ru

Филиал ООО «Издательство «Эксмо» в г. Тюмени
Центр оптово-розничных продаж Cash&Carry в г. Тюмени. Адрес: 625022, г. Тюмень, ул. Пермякова, 1а, 2 этаж. ТЦ «Перестрой-ка». Ежедневно с 9.00 до 20.00. Телефон: 8 (3452) 21-53-96

Республика Беларусь: ООО «ЭКСМО АСТ Си энд Си»
Центр оптово-розничных продаж Cash&Carry в г. Минске. Адрес: 220014, Республика Беларусь, г. Минск, проспект Жукова, 44, пом. 1-17, ТЦ «Outleto». Телефон: +375 17 251-40-23; +375 44 581-81-92
Режим работы: с 10.00 до 22.00. **E-mail:** exmoast@yandex.by

Казахстан: «РДЦ Алматы». Адрес: 050039, г. Алматы, ул. Домбровского, 3А
Телефон: +7 (727) 251-58-12, 251-59-90 (91,92,99). E-mail: RDC-Almaty@eksmo.kz

Украина: ООО «Форс Украина». Адрес: 04073, г. Киев, ул. Вербовая, 17а
Телефон: +38 (044) 290-99-44, (067) 536-33-22. **E-mail**: sales@forsukraine.com

Полный ассортимент продукции ООО «Издательство «Эксмо» можно приобрести в книжных магазинах «Читай-город» и заказать в интернет-магазине: www.chitai-gorod.ru.
Телефон единой справочной службы: 8 (800) 444-8-444. Звонок по России бесплатный.

Интернет-магазин ООО «Издательство «Эксмо» **www.book24.ru**
Розничная продажа книг с доставкой по всему миру.
Тел.: +7 (495) 745-89-14. E-mail: **imarket@eksmo-sale.ru**